AF542943

78

STATION THERMALE

DE

BAGNÈRES-DE-BIGORRE

Le Climat

Les Eaux — Leur mode d'emploi

Les Etablissements thermaux

Usages thérapeutiques des Eaux

Par le docteur GANDY

MÉDECIN CONSULTANT

BAGNÈRES-DE-BIGORRE

Imprimerie et Librairie Léon Péré

Place de Strasbourg, 7

STATION THERMALE

DE

BAGNÈRES-DE-BIGORRE

Le Climat

Les Eaux — Leur mode d'emploi

Les Etablissements thermaux

Usages thérapeutiques des Eaux

Par le docteur GANDY

MÉDECIN CONSULTANT

BAGNÈRES-DE-BIGORRE

Imprimerie et Librairie Léon Péré

Place de Strasbourg, 7

BAGNÈRES-THERMAL

I

LE CLIMAT

Bagnères est au nombre des stations privilégiées qui peuvent joindre à leurs richesses thermales les vertus de leur climat.

Située sur la rive gauche de l'Adour, à l'entrée de la plaine fertile de Tarbes, Bagnères est enclavée à l'est, au midi et à l'ouest dans un cirque de montagnes et de collines qui descendent de la grande chaîne pyrénéenne. Cette station jouit ainsi à la fois des avantages de la plaine et de la montagne : une imposante barrière granitique, au milieu de laquelle se dresse le Pic-du-Midi, la défend des ardeurs estivales excessives et du souffle brûlant des vents d'Afrique. Les vents de l'ouest et du nord y entretiennent une fraîcheur continuelle. Le sol est parcouru de ruisseaux, *mais non marécageux;* l'air est pur, et plutôt humide que sec.

L'altitude de Bagnères est de 560 mètres, et le baromètre s'élève à la hauteur moyenne de 71 centimètres. Cette altitude convient à la très grande majorité des malades, qui ont besoin d'une pression atmosphérique modérée et qui redouteraient un air plus raréfié.

La saison d'été commence en juin et se termine à la fin de septembre; mais on pourrait avantageusement la prolonger jusqu'en novembre; car l'automne est fort beau à Bagnères, et le professeur Gübler recommandait le séjour de cette station aux névropathes jusqu'en arrière-saison.

La moyenne de la température, en été, est de 18° centigrades; la température maxima dépasse très rarement 30°, et l'écart est généralement peu considérable entre les températures extrêmes de chaque journée.

Il résulte de l'ensemble des observations faites sur le climat de Bagnères, qu'il est particulièrement tonique et sédatif. Ajoutons que la ville est d'une remarquable salubrité et que les maladies endémiques y sont inconnues.

II

LES EAUX

—

On exploite à Bagnères : 1° des eaux *salines* thermales appartenant au groupe des eaux *sulfatées calciques ;* 2° des eaux *ferrugineuses* froides ; 3° une eau *sulfurée sodique* (la source de Labassère).

Mais, outre que l'eau sulfureuse est transportée en bouteilles pour être utilisée dans une buvette spéciale, à 14 kilomètres de son origine, les eaux sulfatées calciques, jouissant d'une thermalité étendue et jaillissant avec une merveilleuse abondance des profondeurs du sol de Bagnères, donnent à cette station la note dominante et caractéristique qui sert à la classer : sa spécialisation thermale réside dans ce groupe d'eaux ; enfin, ces eaux sont les seules utilisées en bains, en douches, en inhalation, etc., en un mot, sous toutes les formes du traitement hydriatique. Ce sont elles qui formeront l'objet principal de cette rapide étude.

§ 1er

Sources thermales salines, sulfatées calciques, magnésiennes, etc.

Nous donnons plus loin l'analyse de la source de *Salies* et de la source des *Yeux*, comme représentant toutes deux les extrêmes de la gamme thermale et chimique des eaux sulfatées calciques de Bagnères.

A la suite, dans un tableau synoptique, nous donnons la liste complète de nos sources et le nom des maladies traitées à Bagnères. Ce tableau groupant les sources de la station dans l'ordre de leur thermalité et de leur minéralisation, il devient facile de constituer par approximation la physionomie spéciale de chacune d'elles.

PROPRIÉTÉS PHYSIQUES ET CHIMIQUES

Les sources minérales de Bagnères se font jour au travers des terrains secondaires jurassique supérieur, crétacé inférieur (FILHOL), au contact des ophites avec les roches gneisiques ou feldspathiques de la base du Montaliouet (FROSSARD). Les différences qu'on remarque dans leur température et leur minéralisation, s'expliquent par les différences de profondeur des niveaux inférieurs qu'elles ont atteints avant d'émerger à la surface et par la variété des terrains où elles ont pris naissance et qu'elles ont traversés.

Les eaux de Bagnères sont limpides, incolores, dépourvues d'odeur. « Il en est pourtant quelques-unes qui exhalent une légère odeur sulfureuse due à la présence d'un peu de sulfure de calcium provenant de l'action réductrice qu'exercent sur le sulfate de chaux les matières organiques qu'elles rencontrent sur leur trajet. »

La saveur des eaux de Bagnères est styptique et légèrement amère.

Leur température présente une gamme thermale qui s'étend de 30 à 51 degrés. Leur densité moyenne est de 1,003.

Elles déposent sur les parois des réservoirs plusieurs conferves verdâtres et divers produits gélatiniformes.

Alcalinité.

Les eaux de Bagnères ramènent au bleu léger la teinture de tourne-sol rougie par un acide ; un litre d'eau sature 0gr13 d'acide sulfurique ; elles ont donc une réaction *alcaline*, due à la présence du carbonate et du silicate de chaux.

Le poids des matières fixes abandonnées par un litre d'eau varie entre 2,0892 (source des *Yeux*) et 2,5960 (source de *Salies*). Parmi les principes minéraux qui forment ce résidu, il y a lieu de mentionner en particulier ceux qui sont caractéristiques : les chlorures, les sulfates, silicates, les bicarbonates, l'arséniate de sodium et azotate de sodium.

Chlorures.

Les chlorures de sodium et de potassium que renferment les eaux de Bagnères ont une action tonique et stimulante sur les fonctions de nutrition.

Sulfates.

e sulfate de calcium est le principe dominant dans la composition de ces eaux. Viennent ensuite, par ordre décroissant, le sulfate de magnésium, les sulfates de sodium et de lithium. Ils ont pour résultat commun d'augmenter les sécrétions physiologiques et donnent à l'eau minérale des propriétés purgatives et diurétiques.

Bicarbonates.

Le bicarbonate de calcium et, à dose moindre, le bicarbonate de magnésium donnent à l'eau des propriétés digestives, en la rendant légèrement gazeuse et alcaline.

Silicate de magnésium.

Les silicates ont une action dissolvante sur l'acide urique; on leur a attribué dans ces derniers temps des propriétés antizymotiques et antifermentescibles.

Nous parlerons plus loin de l'arséniate et de l'azotate de sodium.

Le fer qui, sous la forme de bicarbonate avec des traces de manganèse, entre dans la composition des eaux salines de Bagnères, y joue un rôle fort intéressant : il s'ajoute aux chlorures pour donner à ces eaux des qualités remarquablement toniques et reconstituantes.

Quelques sources se détachent du groupe salin dont nous venons d'esquisser la physionomie commune, et méritent un examen spécial. Ce sont les sources de *Salies*, des *Yeux* et de *la Tour (Mauhourat)*.

SALIES

La source de *Salies*, par sa température et sa minéralisation, tient la tête de la série. Elle est employée en boisson, en gargarismes, en inhalations, en humage et en bains de pied. Sa température est de 51 degrés et son débit de 245,000 litres par 24 heures.

En 1861, M. Filhol fit l'analyse de cette eau et démontra la présence d'un principe arsenical. Plus tard, M. de Lagarde put doser l'arséniate de soude qu'il estima à 0gr0023 par litre d'eau.

Les dernières analyses, exécutées par M. Wilm, réduisent la quantité d'arséniate de soude à 0gr0003, un peu moins que le Mont-Dore et un peu plus que Plombières (LEFORT). Même à cette faible dose, ce principe se trouvant dans l'eau minérale à l'état naissant doit lui communiquer une vertu particulière.

« La température doit également avoir une influence notable sur son action, et, chose étonnante, tant est puissant le rôle de la minéralisation, cette eau, malgré sa température de 51°, ne provoque, quand on la boit, aucune sensation de chaleur trop vive. »

La source de *Salies* est la plus riche en sulfate de calcium.

Source des YEUX ou de MARIE-THÉRÈSE

A l'opposé de *Salies*, la source *Marie-Thérèse* est la moins chargée en principes minéraux (Filhol, Wilm). Mais si la totalité de sa minéralisation est inférieure à celle des autres sources, deux principes s'y trouvent pourtant en qualité supérieure : le bi-carbonate de calcium et l'azotate de sodium. La présence en quantité notable de ce dernier sel, dont on ne trouve que des traces dans les autres sources, permet d'attribuer à la source *Marie-Thérèse* des qualités diurétiques distinctes.

Un autre point digne de remarque, c'est que cette source contient autant d'arsenic que *Salies*.

Sa température est de 33° et son débit de 17,107 litres. Elle est administrée en boisson et en bains.

Source de La TOUR

Cette source, nouvellement captée, est par son abondance une véritable rivière thermale. Elle a un débit de 950,000 litres et une température de 44°. Sa minéralisation, comme sa température, la place au milieu de la série thermale, à égale distance de *Salies* et de la source *Marie-Thérèse*.

Le résidu qu'elle dépose pèse moins que celui des sources hyperthermales (*Salies*, le *Dauphin*, la *Reine*, etc.) et plus que celui de la source *Marie-Thérèse*. C'est un type intermédiaire. Cette source abondante est utilisée en boisson et en bains.

Il faut mentionner ici une source de moindre volume et de 41° qui émerge du sol à côté de la grande source et qui dégage une notable quantité d'acide sulphydrique.

Entre *Salies* et *la Tour* se placent la *Reine*, le *Dauphin*, sources hyperthermales utilisées en boisson, en bains et en douches ; *St-Roch* (bains) ; les sources de *Bellevue*, *Cazeaux*, *Théas*. Entre *la Tour* et *Marie-Thérèse* se placent le *Foulon*, le *Grand-Pré*, etc. Les sources du *Platane*, de la *Rampe* et les sources de *Salut* ont une grande analogie avec la source *Marie-Thérèse*.

§ II

Sources ferrugineuses froides.

Elles sont au nombre de quatre : la source *d'Angoulême* ou de la Ville ; la source des demoiselles Brauhauban ; la source du docteur Lavigne, et la source du

Grand-Pré. Le fer s'y trouve à l'état de carbonate et de crénate de fer, à la dose de 0,020 à 0,027.

§ III

Sources sulfureuses.

—

Source de LABASSÈRE

L'eau de Labassère est transportée à Bagnères et exploitée en boisson au moyen de procédés et d'appareils très-ingénieux qui lui permettent de conserver ses vertus naturelles. On peut la boire froide ou tempérée, suivant l'ordonnance du médecin.

C'est une des eaux les plus riches en sulfure de sodium (0g046 par litre). Elle contient en outre en quantité notable du carbonate de soude, des chlorures, des silicates de chaux, d'alumine et de magnésie. Sa température originelle est de 11 à 13 degrés.

Les sources de Mora et de Pinac émergent du sol de Bagnères à la température de 15 degrés et dégagent comme la source de la Tour de l'acide sulfhydrique.

Tous les ans, vers les équinoxes de mars et de septembre, à l'époque des pluies, on observe dans les eaux de *Salut* un dégagement temporaire d'acide sulfhydrique, dû sans doute à des décompositions qui s'effectuent dans les tourbes traversées par ces eaux.

III

LES ÉTABLISSEMENTS

ET LES MODES D'EMPLOI DES EAUX

Bagnères possède actuellement vingt-sept sources thermales qui déversent journellement deux millions et demi de litres. Nous ne comptons pas dans ces chiffres les sources froides, ferrugineuses ou autres, qui élèvent à trente-trois le nombre des sources exploitées. Douze établissements sont consacrés à leur exploitation; douze buvettes, quatre-vingt-dix baignoires (1), de nombreuses salles de douches, etc., sont mises à la disposition du public.

Plusieurs de ces établissements sont bâtis sur les débris de thermes romains. On a retrouvé, en fouillant le sol, des piscines avec revêtements en marbre, des chapiteaux de colonnes ornées de sculptures, des médailles de divers empereurs, autant d'indices de l'ancienne renommée de Bagnères *(Vicus Aquensis)*.

(1) Ce qui fait, pour un bain d'une heure et pour une journée de quinze heures, 1350 bains par jour!

Thermes MARIE-THÉRÈSE

Les thermes Marie-Thérèse, plus souvent désignés par le simple nom de Thermes, datent de 1824. Taine en a rendu l'aspect dans un style admirable : « Les Thermes sont un beau bâtiment blanc, vaste et régulier ; la longue façade tout unie est de forme très simple. Cette architecture, voisine du style antique, est plus belle au midi qu'au nord ; comme le ciel, elle laisse dans l'âme une impression de sérénité et de grandeur.

» Une moitié de rivière baigne la façade et précipite sous le pont d'entrée sa nappe noire hérissée de flots étincelants. On entre dans un grand vestibule, on suit un vaste escalier à double rampe, puis des corridors que terminent de nobles portiques et qui donnent sur des terrasses. »

Les cabinets de bains sont lambrissés de marbre ; les baignoires sont en marbre blanc ou en marbre Ste-Anne.

Le *Dauphin*, la *Reine*, *St-Barthélemy*, *St-Roch*, le *Foulon*, le *Platane*, *Marie-Thérèse* habitent ce palais de marbre et y prodiguent leurs bienfaits. Trois de ces sources sont administrées en bains et en boisson : *Marie-Thérèse*, la *Reine* et le *Dauphin*. Ces deux dernières servent en outre à alimenter plusieurs salles de douches où l'on trouve toutes les ressources de l'hydrothérapie moderne. Les autres sources ne sont utilisées qu'en bains : *Rt-Roch*, au rez-de-chaussée, avec la *Reine* et le *Dauphin* ; le *Foulon*, le *Platane*, *Marie-*

Thérèse et *St-Barthélemy,* dans le soubassement qui se trouve au nord de l'Etablissement. Le premier étage contient six baignoires de la *Reine* et six cabinets de bains domestiques alimentés par de l'eau non minérale.

Les Thermes possèdent en outre un vaporarium en amphithéâtre et une installation de bains russes.

ANNEXE DE SALIES

On appelle de ce nom un édicule adossé à l'aile septentrionale des Thermes, à côté du kiosque où se trouve la buvette de *Salies.* L'annexe de *Salies* comprend : des salles de humage et de pulvérisation pour cette source, des salles de pulvérisation pour l'eau sulfureuse de *Labassère,* des baignoires et des bains de pied alimentés avec l'eau de *Salies.*

Ce petit établissement se continue avec le soubassement des Thermes.

NÉOTHERMES

En prolongeant vers le nord le grand axe des Thermes de Marie-Thérèse, le regard rencontre un vaste édifice quadrangulaire adossé à la montagne du côté du couchant et déployant au midi sa façade principale. Le rez-de-chausssée de cet édifice sera consacré à de nouvelles installations balnéaires et hydrothérapiques. Les étages supérieurs sont destinés au Casino.

Dès cette année, une piscine qui dépasse les dimensions connues sera livrée au public. Elle occupe la cour centrale de l'établissement et ne mesure pas moins de 19^m de longueur sur 12^m de largeur et 1^m80 de profondeur. De larges promenoirs donnent accès à ce lac d'eau thermale, et une toiture vitrée placée à dix mètres de hauteur y laisse pénétrer la lumière.

Les autres établissements thermaux de Bagnères sont :

Théas : bains et douches ;

Cazeaux : bains et douches ;

Le *Petit-Prieur :* bains ;

Versailles : bains ;

Le *Petit-Barèges :* bains ;

Le *Grand-Pré :* bains, buvettes d'eau saline et d'eau ferrugineuse ;

La *Fontaine nouvelle :* bains ;

Bellevue : bains et douches ;

La buvette de *Salies ;*

La buvette de *Labassère* avec un cabinet pour les gargarismes ;

Les buvettes moins importantes de *Mora, Pinac ;*

Les buvettes des sources ferrugineuses ;

L'Etablissement de *Salut.*

Ce dernier mérite une mention spéciale à cause de son importance et de la renommée de ses eaux. Là coulent trois sources réparties entre une buvette et dix-huit baignoires. Leur température est de 32° et 33°. Elles présentent une grande analogie avec les sources du *Platane* et *Marie-Thérèse.*

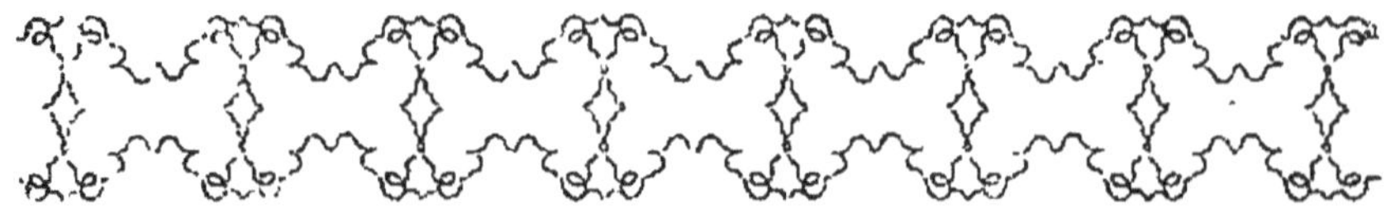

IV

USAGES THÉRAPEUTIQUES
DES EAUX

Au point de vue de leurs effets sur l'organisme, les sources sulfatées calciques de Bagnères se divisent en sources excitantes et en sources sédatives; *Salies* et *Marie-Thérèse* sont des types de ces deux séries et entre ces deux types extrêmes se placent tous les degrés intermédiaires. De leur côté, les sources ferrugineuses froides et les sources sulfureuses apportent à la thérapeutique thermale un concours considérable et précieux.

Les eaux de Bagnères guérissent ou soulagent les malades qui en usent dans les cas suivants :

Rhumatismes.

La haute thermalité des eaux de Bagnères suffirait à les recommander pour le traitement du rhumatisme, sans la présence des principes minéraux qui entrent dans leur composition et dont le rôle est plus difficile à préciser quoique incontestable.

Le rhumatisme musculaire, le rhumatisme articulaire

chronique d'emblée ou consécutif à une période aiguë, le rhumatisme viscéral sont journellement traités avec succès par les bains et les douches du *Dauphin* et de la *Reine*, par les bains de *St-Roch*, au besoin par les bains de vapeur.

Maladies du système nerveux.

Les affections nerveuses accompagnées de lésion organique qui peuvent sans danger affronter un traitement thermal se trouveront bien des eaux excitantes fortes, telles que le *Dauphin* et la *Reine*, en douches et en bains.

Les affections plus nombreuses qui troublent le système nerveux sans lésion appréciable forment un contingent considérable dans les succès de *Salut* et des eaux similaires, le *Platane* et *Marie-Thérèse*.

Maladies de l'appareil digestif.

Suivant leur caractère diathésique, les angines doivent être traitées par l'eau de *Salies* ou par l'eau de *Labassère*. Les angines de nature arthritique ou herpétique seront adressées à *Salies;* les angines d'origine strumeuse ou cachectique, à *Labassère*. On combine souvent les deux traitements.

Toutes les dyspepsies trouvent à Bagnères ou la guérison ou un soulagement marqué. Les dyspepsies douloureuses, les gastralgies se trouvent à merveille de l'usage de l'eau calmante de *Salut*, de même que les dyspepsies de cause rhumatismale et les gastrites passées à l'état chronique. L'eau de *Salies* sera préférée dans certaines affections de l'estomac de nature herpétique.

Les eaux de Bagnères trouvent des applications parallèles pour le traitement de diverses affections intestinales (entéralgie, etc.) La constipation et la diarrhée guérissent également à Bagnères ; la première par des bains chauds très courts et l'usage en boisson de l'eau de la *Reine*, la seconde par de longs bains tempérés et l'usage d'une eau ferrugineuse froide.

Les affections du foie, telles que hypérémie, engorgements, hépatite subaiguë, sont avantageusement traitées par l'usage en boisson de l'eau éliminatrice de *Salut*.

Diathèse urique, gravelle.

L'action éliminatrice et diurétique des eaux de Bagnères leur assigne une vertu réelle dans le traitement de diverses maladies du foie ou des reins qui dépendent de la diathèse urique. L'eau de *Salut* est renommée par l'action de lessivage qu'elle exerce sur tous les organes et sur le rein en particulier (ROTUREAU). La cystite subaiguë ou chronique et autres affections des voies urinaires en dehors de la gravelle, se trouvent très bien de l'eau de *Salut*.

Citons, comme ayant des vertus analogues, la source de *Marie-Thérèse* et la source de *Salies.*

Maladies utérines.

Les congestions utérines, les engorgements du col, l'aménorrhée, la leucorrhée, la métrorrhagie, le catarrhe vaginal, les déviations menstruelles, etc., sont traitées avec succès à Bagnères, et dirigées suivant les cas sur telle ou telle source de la station pour y suivre telles ou telles formes de traitement (boisson, bains, injections, douches).

Maladies de la peau.

Le *Foulon* en bains et *Salies* en boisson ont une réputation justifiée dans le traitement de diverses dermatoses qui redouteraient l'action trop excitante du traitement sulfureux.

Maladies de l'appareil respiratoire.

Il faut faire la part des affections asthéniques et torpides qui réclament un traitement sulfureux (Labassère) et la part des affections de nature arthritique ou herpétique qui se trouveraient mieux de l'usage de l'eau de *Salies.* Le traitement de ces dernières affections par l'eau de *Salies* tend à prendre l'importance du traitement analogue qui est suivi au Mont-Dore : buvette, cabinets de gargarisme, salles de humage, rien ne manque à l'eau de *Salies* pour produire ses merveilleux effets dans les laryngites, les bronchites, les catarrhes pulmonaires, les débuts de la phthisie, l'asthme, en un mot toutes les affections des voies respiratoires, et de préférence celles qui sont liées à un vice athritique ou herpétique.

Chloro-anémie, syphilis et affections diverses.

La chloro-anémie trouve à Bagnères deux médications d'une efficacité reconnue : l'eau ferrugineuse, l'hydrothérapie. — Chez les personnes constipées, le médecin a l'avantage de pouvoir conseiller l'eau ferrugineuse tempérée de la *Reine* qui est laxative.

Les eaux excitantes et reconstituantes sont indiquées pour les syphilitiques anciens, épuisés par leur maladie ou par le traitement mercuriel. Les lymphatiques et les scrofuleux trouvent également à Bagnères la médication fortifiante dont ils ont besoin.

Diverses affections scrofuleuses ou chirurgicales, adénites, arthrites, ulcères, tumeurs blanches, ophthalmies chroniques, catarrhe des voies nasales ou du conduit auditif, sont adressées avec raison aux eaux de Bagnères (*Labassère, Salies,* etc.)

En résumé, Bagnères possède une médication thermale très étendue et très variée, qui lui permet de traiter un grand nombre d'affections. Entre les stations sulfureuses de Luchon, de Barèges, de Cauterets, etc., Bagnères se distingue par des caractères hydrologiques et cliniques très tranchés. On trouve à Bagnères le traitement de Plombières et celui du Mont-Dore ; on y trouve même des eaux qui, employées en boisson, ne sont pas sans analogie avec celles de Contrexeville.

Enfin, Bagnères possède des sources ferrugineuses et une buvette sulfureuse, ce qui donne au médecin des moyens d'action comme aucune autre station n'en possède au monde.

ANALYSE

DES

Sources de SALIES et de MARIE-THÉRÈSE

Faite par M. WILM, et représentant les types extrêmes de la série.

	Salies	Marie-Thérèse
Température	50° 8	33° 2
Bicarbonate de fer........	0.0016	0.0006
— de calcium ...	0.7244	0.1408
— de magnésium.	0.0032	0.0011
Silicate de magnésium.....	0.0360	0.0350
Silice en excès	0.0278	0.0152
Sulfate de calcium........	1.8360	1.4640
— de magnésium.....	0.3840	0.2871
— de sodium	0.0178	0.0172
— de lithine.........	0.0008	0.0008
Chlorure de sodium........	0.1814	0.1483
— de potassium	0.0103	0.0092
Arséniate de sodium......	0.0003	0.0003
Azotate de sodium.........	traces	0.0003
Matières organiques – Pertes	0.0119	0.0099
Poids du résidu de 1 litre séché à 200°...........	2,5960	2.0892

TABLEAU SYNOPTIQUE

DE LA

Médication thermale à Bagnères-de-Bigorre

Nomenclature et température des eaux		*Maladies traitées par ces eaux*	*Mode d'emploi*
I. — Groupe des eaux salines (sulfatées calciques) elles se divisent en : 1° excitantes; 2° sédatives.			
1° EXCITANTES			
SALIES	51°	Rhumatisme chronique articulaire, musculaire et viscéral. — Paralysies et affections nerveuses avec dépression. Angines et dyspepsies; entérite chronique; constipation; engorgement du foie; hémorroïdes. — Maladies des voies urinaires. — Maladies des femmes; métrite chronique, granulations et ulcérations du col; aménorrhée, etc. Laryngites, bronchites, catarrhes broncho-pulmonaires avec congestion; asthme. — Maladies chirurgicales; fractures anciennes. etc. — Ulcères.	*Bains.* Toutes les sources, excepté la Rampe. *Buvettes.* Salies. La Rampe. Marie-Thérèse. La Tour. La Reine. Le Dauphin. Salut. Grand-Pré. *Pulvérisations et humage.* Salies. *Hydrothérapie complète.* Douches, bains de siège et de pieds; bains de vapeur; étuves; bains russes.
THÉAS	51°		
CAZEAUX	51°		
DAUPHIN	49°		
ST-BARTHÉLEMY	48°		
REINE	46°		
BELLEVUE	46°		
LA TOUR	44°		
ST-ROCH	41°		
2° SÉDATIVES			
SALUT	33° 32°5 32°	Névroses diverses; hystérie, chorée, migraine, névralgies; fatigues intellectuelles et morales; rhumatisme nerveux; palpitations, etc. Troubles digestifs avec éréthisme; inappétence; gastralgie et dyspepsie nerveuse; vertige stomacal; entéralgie: entérite chronique. — Maladies des reins et de la vessie, — gravelle; diabète. — Maladies des femmes avec excitation et congestion des organes; métrorrhagie; dysménorrhée; ovarite chronique, etc. Maladies de la peau; exzéma, lichen, prurigo, pityriasis, etc. (Le *Foulon* est indiqué dans la plupart des dermatoses).	
MARIE-THÉRÈSE	33°		
PLATANE	33°		
VERSAILLES	35°		
PETIT-BARÈGES	35°		
MORA	35°		
PETIT-PRIEUR	38°		
GRAND-PRÉ	38° 32°		
FONTAINE-NOUVELLE	38°		
RAMPE	35°		
FOULON	35°		
II. — Groupe des eaux ferrugineuses froides.			
ANGOULÊME		Chlorose, anémie, lymphatisme; dyspepsies atones; diarrhée, leucorrhée, aménorrhée; fièvres intermittentes. — Névralgies liées à une débilité générale. Hémorrhagies passives.	*Buvettes.*
BRAUHAUBAN			
MÉTAOU			
GRAND-PRÉ			
III. — Groupe des sources sulfureuses.			
LABASSÈRE	12°	Angines et laryngites, catarrhe chronique des bronches, toux convulsive, congestion passive du poumon, phthisie pulmonaire à forme torpide; atonie des voies digestives; scrofulides; pellagre; syphilis.	*Buvettes.* *Pulvérisations* (Labassère)
LA TOUR	43°		
MORA	15°		

www.ingramcontent.com/pod-product-compliance
Lightning Source LLC
LaVergne TN
LVHW010309230826
846091LV00007BB/2793

* 9 7 8 2 0 1 3 3 4 0 7 1 7 *